学校 - mokykla	2
旅行 - kelionė	5
交通运输 - transportas	8
城市 - miestas	10
地形 - kraštovaizdis	14
餐馆 - restoranas	17
超市 - prekybos centras	20
饮料 - gėrimai	22
食物 - maistas	23
农场 - ūkininko ūkis	27
房子 - namas	31
客厅 - svetainė	33
厨房 - virtuvė	35
浴室 - vonios kambarys	38
儿童房 - vaiko kambarys	42
衣服 - drabužis	44
办公室 - biuras	49
经济 - ekonomika	51
职业 - profesijos	53
工具 - įrankiai	56
乐器 - muzikos instrumentai	57
动物园 - zoologijos sodas	59
体育 - sportas	62
活动 - užsiėmimai	63
家 - šeima	67
身体 - kūnas	68
医院 - ligoninė	72
紧急情况 - nelaimingas atsitikimas	76
地球 - Žemė	77
钟表 - laikrodis	79
周 - savaitė	80
年 - metai	81
形状 - formos	83
颜色 - spalvos	84
反义词 - priešingos reikšmės žodžiai	85
数字 - skaičiai	88
语言 - kalbos	90
谁/什么/怎样 - kas / ką / kaip	91
方位 - kur	92

AF194601

Impressum
Verlag: BABADADA GmbH, Nedderfeld 112 , 22529 Hamburg
Geschäftsführer / Verlagsleitung: Harald Hof
Druck: Books on Demand GmbH, In de Tarpen 42, 22848 Norderstedt

Imprint
Publisher: BABADADA GmbH, Nedderfeld 112 , 22529 Hamburg, Germany
Managing Director / Publishing direction: Harald Hof
Print: Books on Demand GmbH, In de Tarpen 42, 22848 Norderstedt, Germany

学校

mokykla

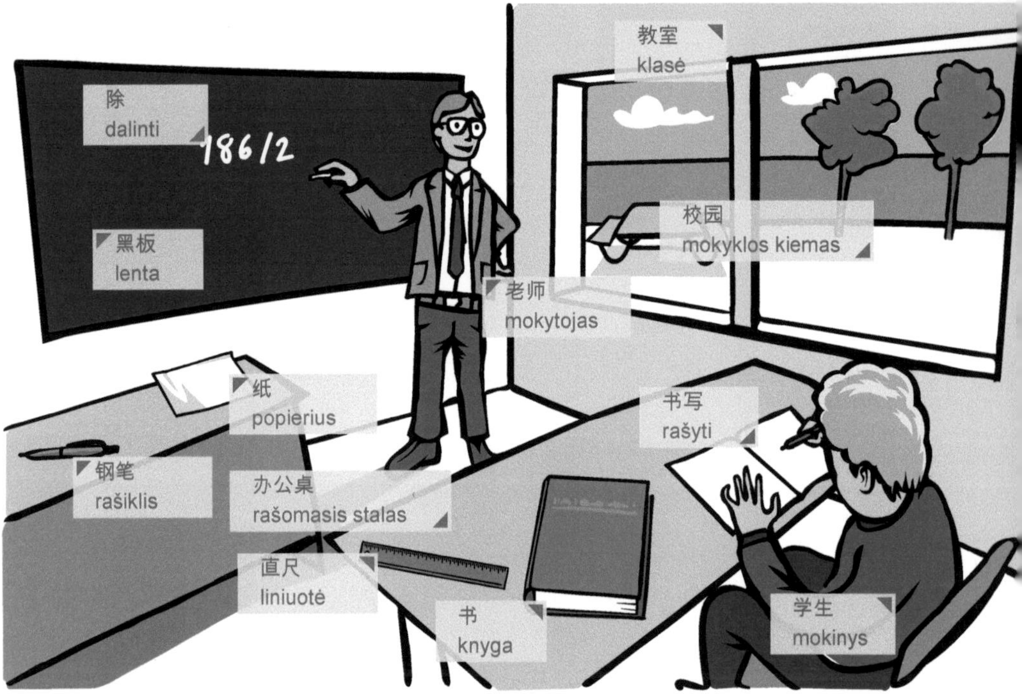
教室
klasė
除
dalinti
186/2
黑板
lenta
校园
mokyklos kiemas
老师
mokytojas
纸
popierius
书写
rašyti
钢笔
rašiklis
办公桌
rašomasis stalas
直尺
liniuotė
书
knyga
学生
mokinys

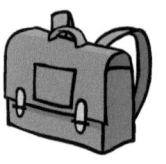

书包

kuprinė

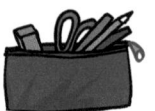

铅笔盒

penalas

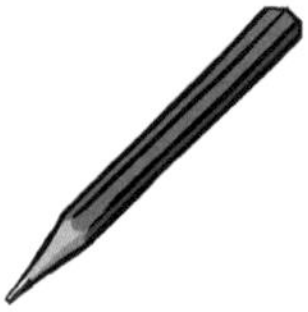

铅笔

pieštukas

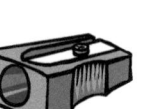

卷笔刀

drožtukas

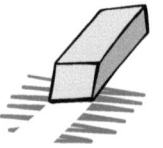

橡皮擦

trintukas

画板

piešimo bloknotas

图画
piešinys

画笔
teptukas

颜料盒
dažų dėžutė

剪刀
žirklės

胶水
klijai

练习册
vadovėlis

家庭作业
namų darbai

12

数字
numeris

2+2

加
pridėti

5-2

减
atimti

2×2

乘
dauginti

计算
skaičiuoti

A

字母
raidė

ABCDEFG
HIJKLMN
OPQRSTU
VWXYZ

字母表
abėcėlė

hello

字
žodis

课文

tekstas

读

skaityti

粉笔

kreida

上课

pamoka

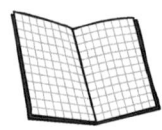

登记

dienynas

考试

egzaminas

证书

pažymėjimas

校服

mokyklinė uniforma

教育

išsilavinimas

百科全书

enciklopedija

大学

universitetas

显微镜

mikroskopas

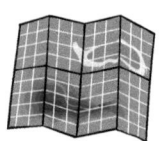

地图

žemėlapis

废纸筐

šiukšliadėžė

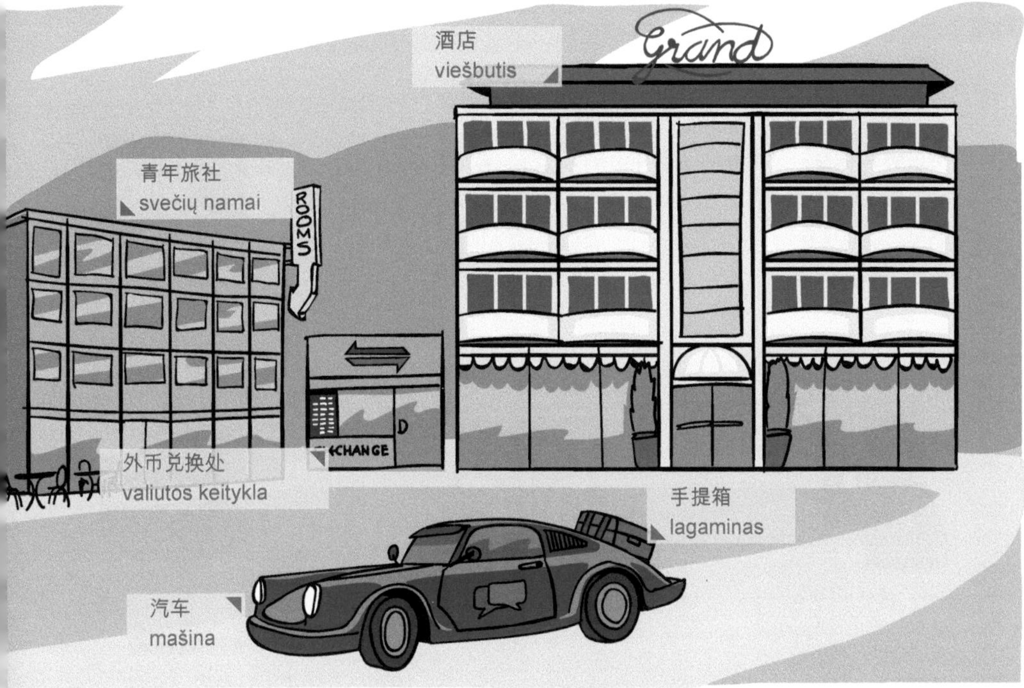

酒店
viešbutis
Grand
青年旅社
svečių namai
ROOMS
外币兑换处
valiutos keitykla
手提箱
lagaminas
汽车
mašina

语言
kalba

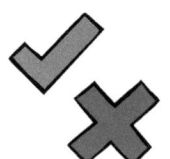

是/否
taip / ne

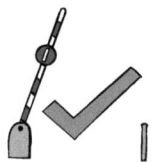

好的
Gerai

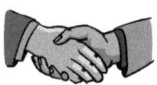

您好
sveiki

翻译员
vertėjas raštu

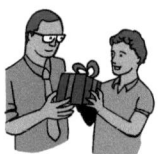

谢谢
Ačiū

……多少钱？

kiek kainuoja…?

我不明白

aš nesuprantu

问题

problema

晚上好！

Labas vakaras!

早上好！

Labas rytas!

晚安！

Labos nakties!

再见

viso gero

方向

kryptis

行李

bagažas

包

krepšys

双肩包

kuprinė

客人

svečias

房间

kambarys

睡袋

miegmaišis

帐篷

palapinė

旅游信息

turizmo informacija

海滩

paplūdimys

信用卡

kreditinė kortelė

早餐

pusryčiai

午餐

pietūs

晚餐

vakarienė

票

bilietas

电梯

liftas

邮票

pašto ženklas

边界

siena

海关

muitinė

大使馆

ambasada

签证

viza

护照

pasas

交通运输

transportas

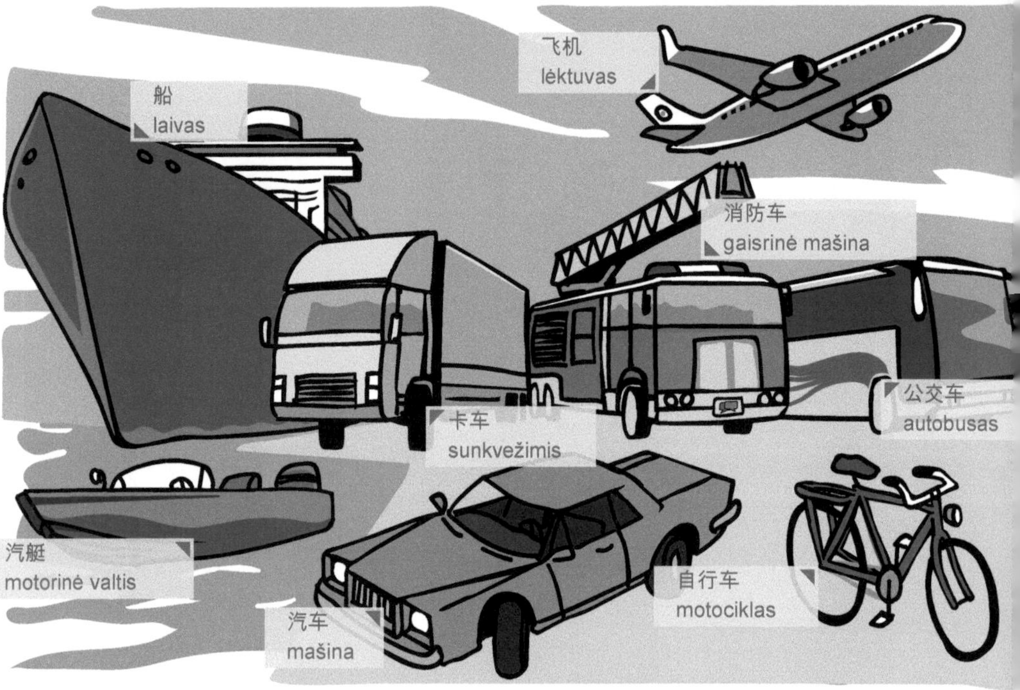
飞机
lėktuvas
船
laivas
消防车
gaisrinė mašina
公交车
autobusas
卡车
sunkvežimis
汽艇
motorinė valtis
自行车
motociklas
汽车
mašina

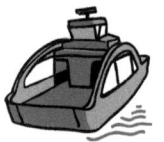

摆渡船

keltas

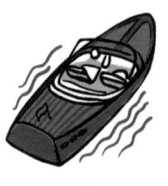

小船

valtis

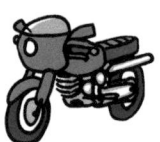

摩托车

mopedas

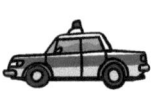

警车

policijos automobilis

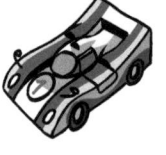

赛车

lenktyninis automobilis

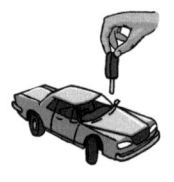

租车

nuomojamas automobilis

拼车

bendras automobilio naudojimas

拖车

techninės pagalbos automobilis

垃圾车

šiukšliavežė

发动机

variklis

汽油

degalai

加油站

degalinė

交通标志

kelio ženklas

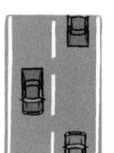

交通

eismas

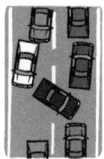

交通堵塞

eismo spūstis

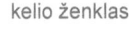

停车场

mašinų stovėjimo aikštelė

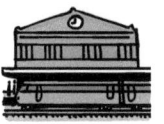

火车站

traukinių stotis

轨道

bėgiai

火车

traukinys

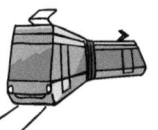

电车

tramvajus

货车

vagonas

直升机

sraigtasparnis

机场

oro uostas

塔

bokštas

乘客

keleivis

集装箱

konteineris

纸板箱

dėžė

手推车

vežimėlis

篮子

krepšys

起飞/降落

pakilti / nusileisti

城市

miestas

村庄

kaimas

市中心

miesto centras

房子

namas

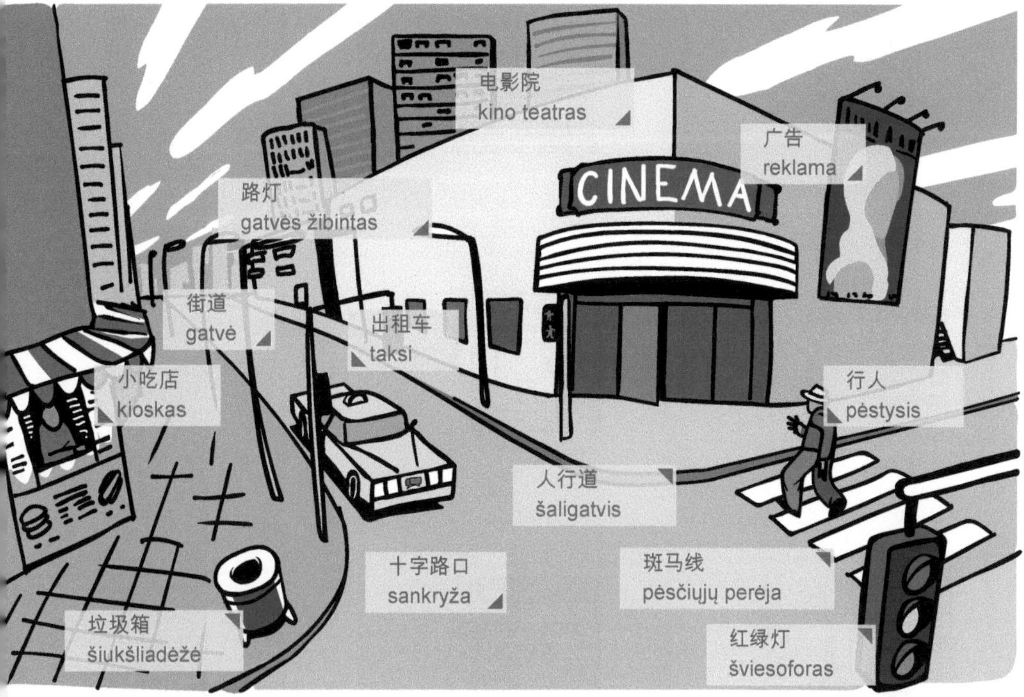

电影院
kino teatras
CINEMA
广告
reklama
路灯
gatvės žibintas
街道
gatvė
出租车
taksi
小吃店
kioskas
行人
pėstysis
人行道
šaligatvis
十字路口
sankryža
斑马线
pėsčiųjų perėja
垃圾箱
šiukšliadėžė
红绿灯
šviesoforas

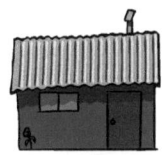

小屋

trobelė

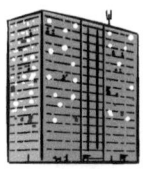

公寓

butas

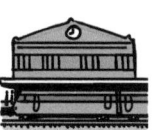

火车站

traukinių stotis

市政厅

rotušė

MUSEUM

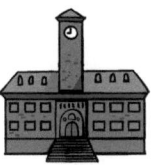

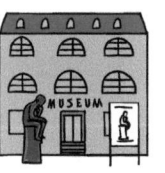

博物馆

muziejus

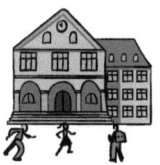

学校

mokykla

大学

universitetas

银行

bankas

医院

ligoninė

酒店

viešbutis

药房

vaistinė

办公室

biuras

书店

knygynas

商店

parduotuvė

花店

gėlių parduotuvė

超市

prekybos centras

市场

turgus

百货商店

universalinė parduotuvė

鱼店

žuvies parduotuvė

购物中心

prekybos centras

海港

uostas

公园

parkas

长凳

suoliukas

桥

tiltas

楼梯

laiptai

地铁

metro

隧道

tunelis

公交车站

autobusų stotelė

酒吧

baras

餐馆

restoranas

邮筒

lauko pašto dėžutė

路标

kelio ženklas

停车计时器

parkomatas

动物园

zoologijos sodas

游泳馆

baseinas

清真寺

mečetė

农场

ūkininko ūkis

污染

tarša

墓地

kapinės

教堂

bažnyčia

操场

žaidimų aikštelė

寺庙

šventykla

地形

kraštovaizdis

树叶
lapas

指示牌
kelio rodyklė

路
kelias

草地
pieva

石头
akmuo

树
medis

徒步旅行者
ėjikas

河
upė

草
žolė

花
gėlė

峡谷
slėnis

山
kalva

湖
ežeras

森林
miškas

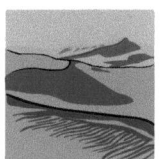

沙漠
dykuma

火山
ugnikalnis

城堡
pilis

彩虹
vaivorykštė

蘑菇
grybas

棕榈树
palmė

蚊子
uodas

苍蝇
musė

蚂蚁
skruzdėlė

蜜蜂
bitė

蜘蛛
voras

甲虫
vabalas

青蛙
varlė

松鼠
voverė

刺猬
ežys

野兔
kiškis

猫头鹰
pelėda

鸟
paukštis

天鹅
gulbė

野猪
šernas

鹿
elnias

麋鹿
briedis

水坝
užtvanka

风力发电机
vėjo jėgainė

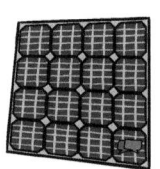

太阳能电池板
saulės baterija

气候
klimatas

餐馆

restoranas

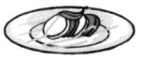

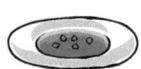

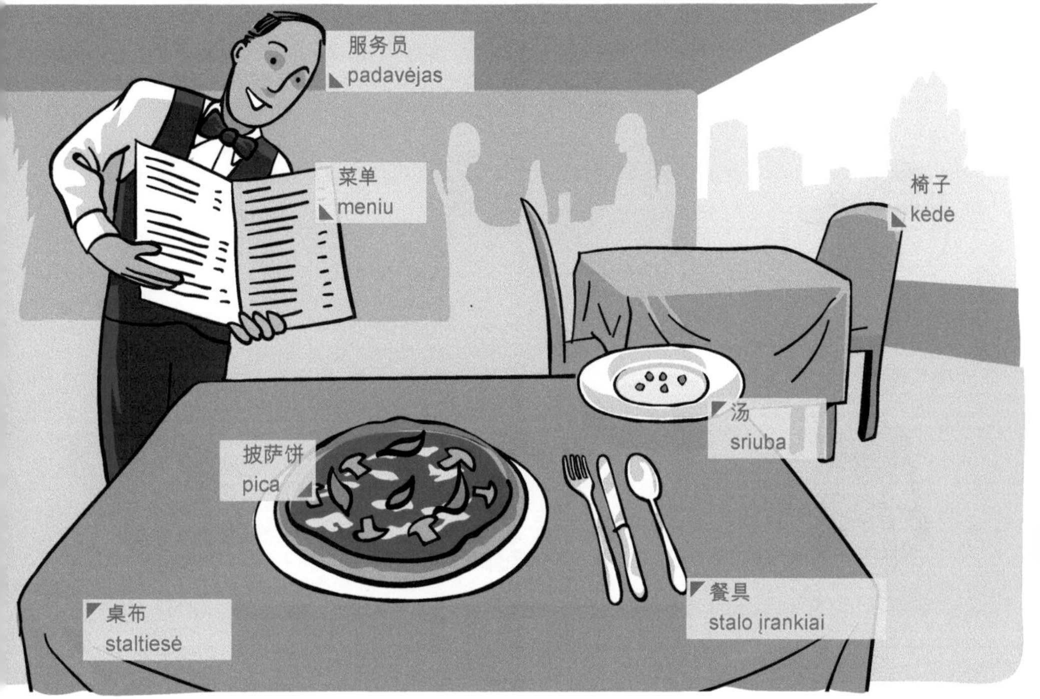

服务员
padavėjas
菜单
meniu
椅子
kėdė
汤
sriuba
披萨饼
pica
餐具
stalo įrankiai
桌布
staltiesė

前菜
užkandis

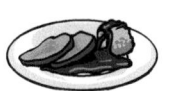

主菜
pagrindinis patiekalas

甜点
desertas

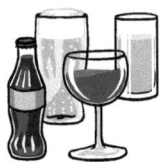

饮料
gėrimai

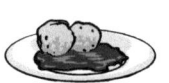

食物
maistas

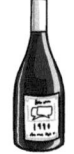

瓶子
butelis

快餐
greitai pateikiamas maistas

街边小吃
gatvės maistas

茶壶
arbatinukas

糖盒
cukrinė

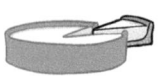

一份饭菜
porcija

意式咖啡机
espreso aparatas

高脚椅
aukšta kėdė

账单
sąskaita

托盘
padėklas

刀
peilis

餐叉
šakutė

勺子
šaukštas

茶匙
arbatinis šaukštelis

餐巾
servetėlė

玻璃杯
stiklinė

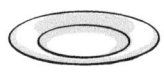

碟子

lėkštė

汤盘

sriubos lėkštė

碟子

padėklas

酱

padažas

盐瓶

druskinė

胡椒磨

pipirų malūnėlis

醋

actas

食用油

aliejus

调味料

prieskoniai

番茄酱

kečupas

芥末

garstyčios

蛋黄酱

majonezas

超市

prekybos centras

特价
specialus pasiūlymas
FOR
顾客
pirkėjas
乳制品
pieno produktai
水果
vaisiai
购物车
troleibusas

BUTCHERS

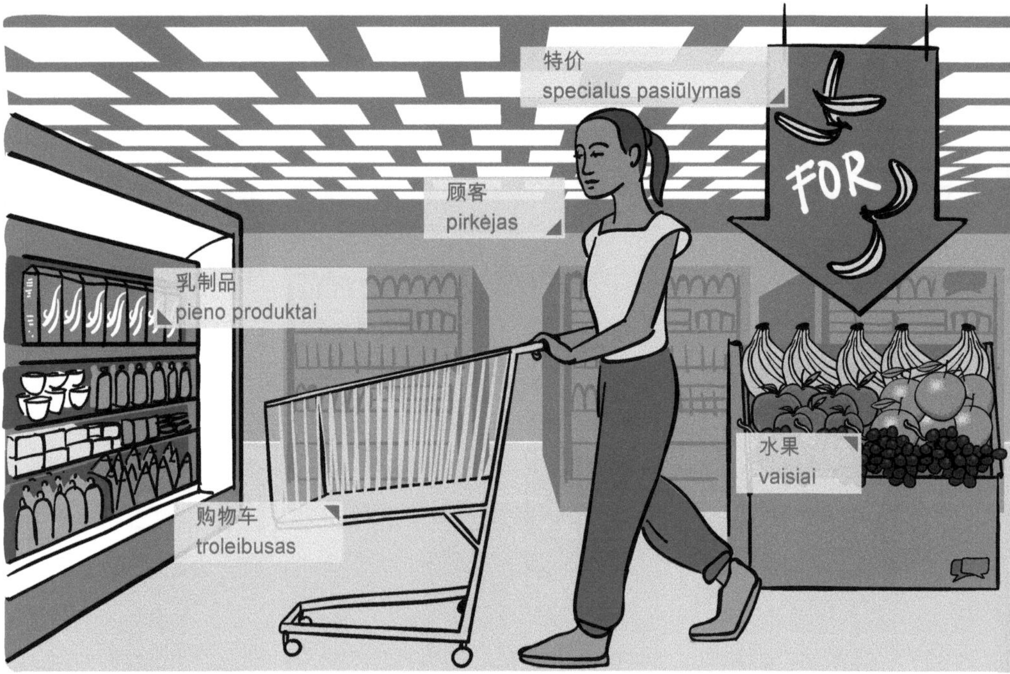

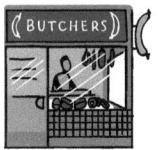

肉铺

mėsos parduotuvė

BAKERY

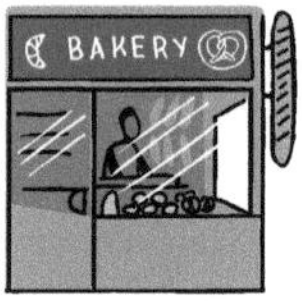

面包房

kepykla

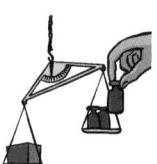

称重

sverti

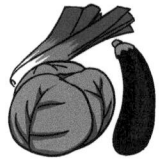

蔬菜

daržovės

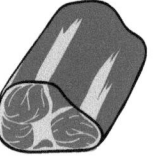

肉

mėsa

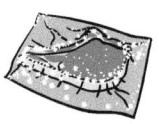

冷冻食品

šaldytas maistas

冷盘
šalti mėsos užkandžiai

罐头食品
konservai

洗衣粉
skalbimo milteliai

甜食
saldumynai

日用品
ūkinės prekės

清洁用品
valymo priemonės

销售员
pardavėja

收银机
kasos aparatas

收银员
kasininkas

购物清单
pirkinių sąrašas

开放时间
darbo valandos

钱包
piniginė

信用卡
kreditinė kortelė

袋子
maišelis

塑料袋
plastikinis maišelis

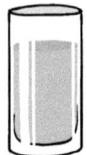

水

vanduo

果汁

sultys

牛奶

pienas

可乐

kola

红酒

vynas

啤酒

alus

酒

alkoholis

可可

kakava

茶

arbata

咖啡

kava

意式浓缩咖啡

espresas

卡布奇诺

kapučinas

香蕉

bananas

苹果

obuolys

橙子

apelsinas

西瓜

arbūzas

柠檬

citrina

胡萝卜

morka

大蒜

česnakas

竹子

bambukas

洋葱

svogūnas

蘑菇

grybas

坚果

riešutai

面条

makaronai

意大利面条

spagečiai

米饭

ryžiai

沙拉

salotos

薯条

traškučiai

炸土豆

keptos bulvės

披萨饼

pica

汉堡包

mėsainis

三明治

sumuštinis

炸猪排

pjausnys

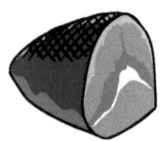

火腿

kumpis

萨拉米

saliamis

香肠

dešrelė

鸡肉

vištiena

烤肉

kepsnys

鱼

žuvis

燕麦片

avižų dribsniai

穆兹利

dribsniai su priedais

玉米片

kukurūzų dribsniai

面粉

miltai

羊角面包

prancūziškasis ragelis

面包卷

bandelė

面包

duona

烤面包

skrebutis

饼干

sausainiai

黄油

sviestas

凝乳

varškė

蛋糕

tortas

蛋

kiaušinis

煎蛋

kiaušinienė

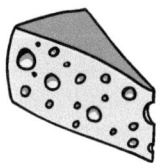

奶酪

sūris

冰激凌

ledai

糖

cukrus

蜂蜜

medus

果酱

uogienė

巧克力酱

tepamas šokoladas

咖喱饭

karis

农场

ūkininko ūkis

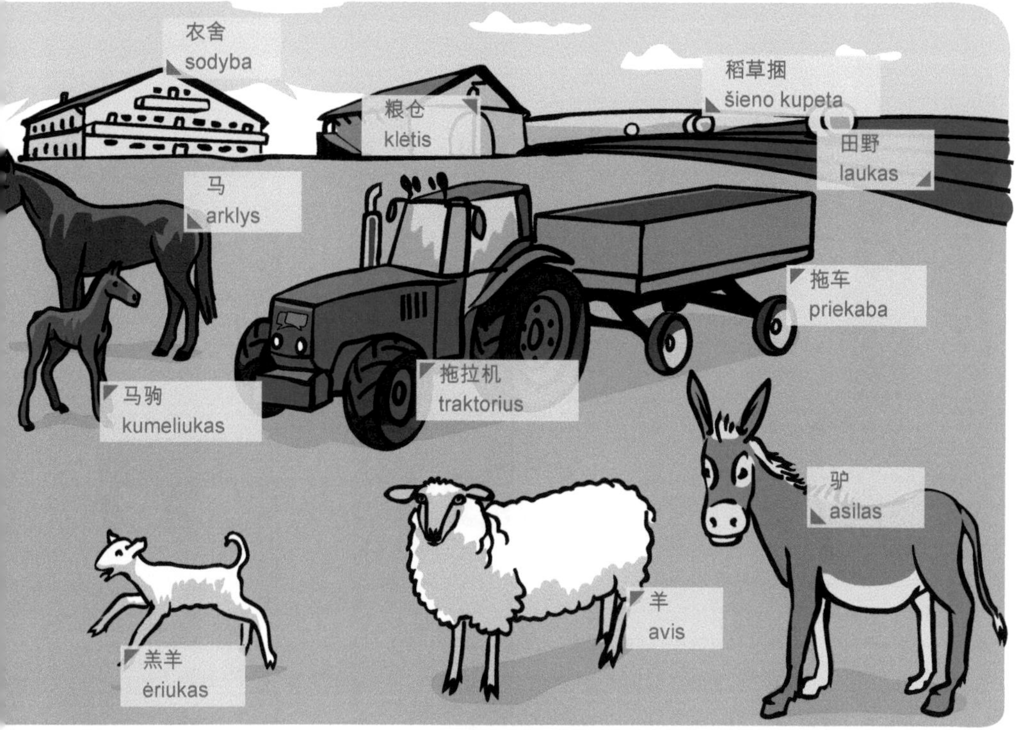

农舍
sodyba
粮仓
klėtis
稻草捆
šieno kupeta
田野
laukas
马
arklys
拖车
priekaba
马驹
kumeliukas
拖拉机
traktorius
驴
asilas
羊
avis
羔羊
ėriukas

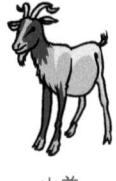

山羊

ožys

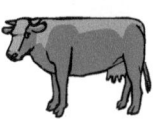

奶牛

karvė

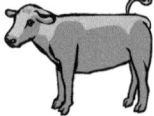

牛犊

veršis

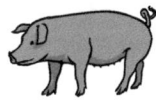

猪

kiaulė

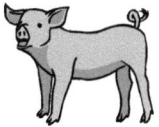

小猪

paršelis

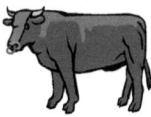

公牛

bulius

鹅

žąsis

鸭

antis

小鸡

viščiukas

母鸡

višta

公鸡

gaidys

鼠

žiurkė

猫

katė

老鼠

pelė

牛

jautis

狗

šuo

狗屋

šuns būda

花园浇水软管

sodo namas

洒水壶

laistytuvas

长柄大镰刀

dalgis

犁

plūgas

镰刀

pjautuvas

锄头

kauptukas

长柄草耙

šakės

斧头

kirvis

独轮手推车

statinė

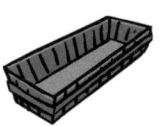

饲料槽

lovys

牛奶罐

bidonas

麻布袋

maišas

栅栏

tvora

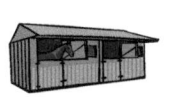

马厩

arklidė

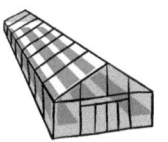

温室

šiltnamis

土壤

dirva

种子

sėkla

肥料

trąšos

联合收割机

kombainas

收割
rinkti

收割
derlius

山药
saldžiosios bulvės

小麦
kviečiai

大豆
soja

土豆
bulvė

玉米
kukurūzai

油菜籽
rapsai

果树
vaismedis

树薯
manijokas

谷物
grūdai

房子

namas

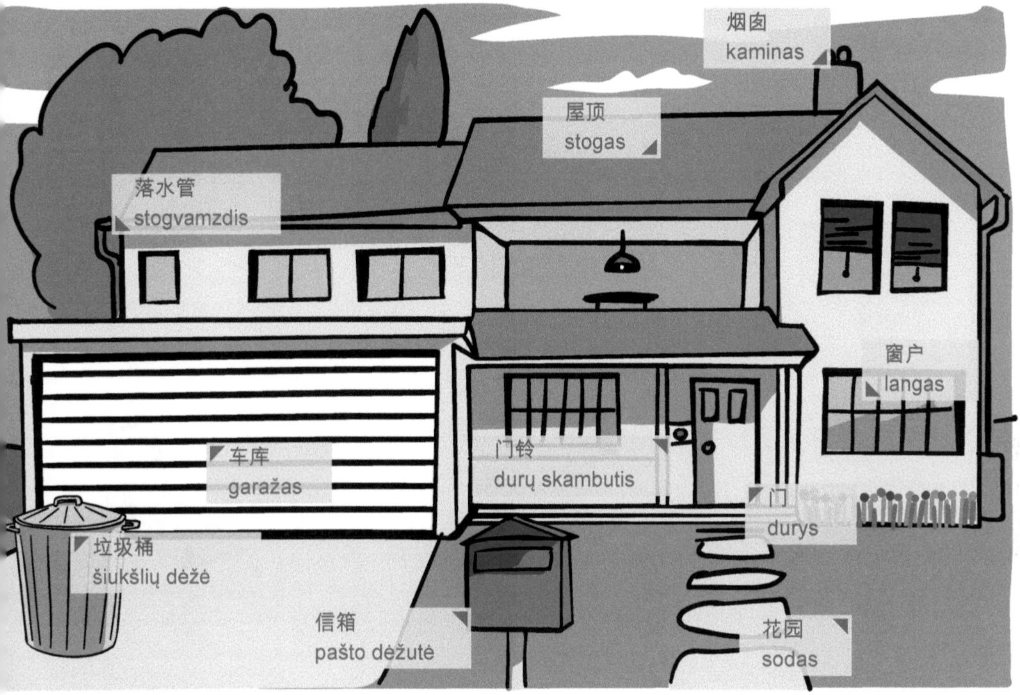

烟囱
kaminas
屋顶
stogas
落水管
stogvamzdis
窗户
langas
车库
garažas
门铃
durų skambutis
门
durys
垃圾桶
šiukšlių dėžė
信箱
pašto dėžutė
花园
sodas

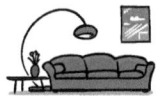

客厅

svetainė

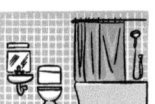

浴室

vonios kambarys

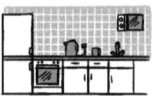

厨房

virtuvė

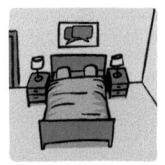

卧室

miegamasis

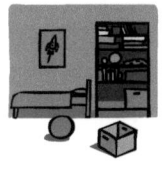

儿童房

vaiko kambarys

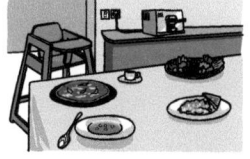

餐厅

valgomasis

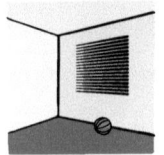

地板

grindys

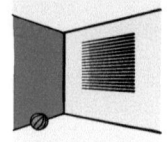

墙壁

siena

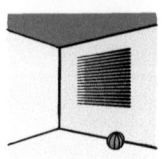

吊顶

lubos

地窖

rūsys

桑拿

sauna

阳台

balkonas

露台

terasa

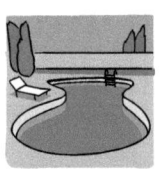

游泳池

baseinas

割草机

žoliapjovė

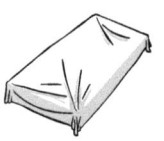

被单

paklodė

床罩

lovatiesė

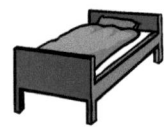

床

lova

扫帚

šluota

水桶

kibiras

开关

jungiklis

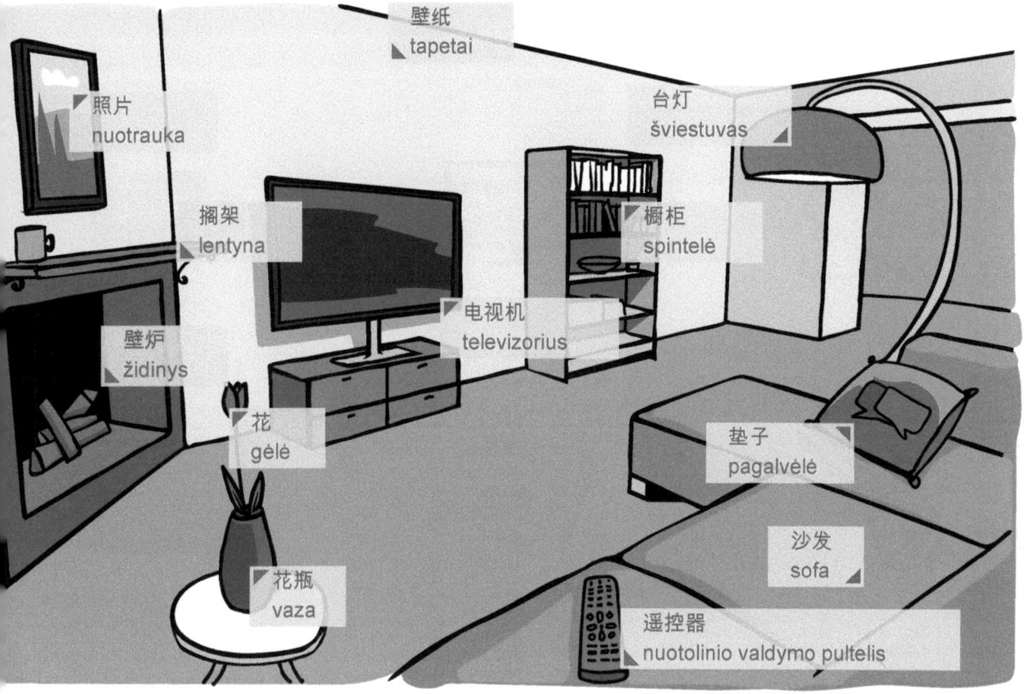

壁纸
tapetai

照片
nuotrauka

台灯
šviestuvas

搁架
lentyna

橱柜
spintelė

电视机
televizorius

壁炉
židinys

花
gėlė

垫子
pagalvėlė

花瓶
vaza

沙发
sofa

遥控器
nuotolinio valdymo pultelis

地毯
kilimas

窗帘
užuolaida

餐桌
stalas

椅子
kėdė

摇椅
supamasis krėslas

扶手椅
fotelis

书

knyga

毯子

antklodė

装饰品

papuošimai

木柴

malkos

电影

filmas

高保真音响

stereo aparatūra

钥匙

raktas

报纸

laikraštis

油画

paveikslas

海报

plakatas

收音机

radijas

笔记本

užrašų knygelė

吸尘器

dulkių siurblys

仙人掌

kaktusas

蜡烛

žvakė

厨房
virtuvė

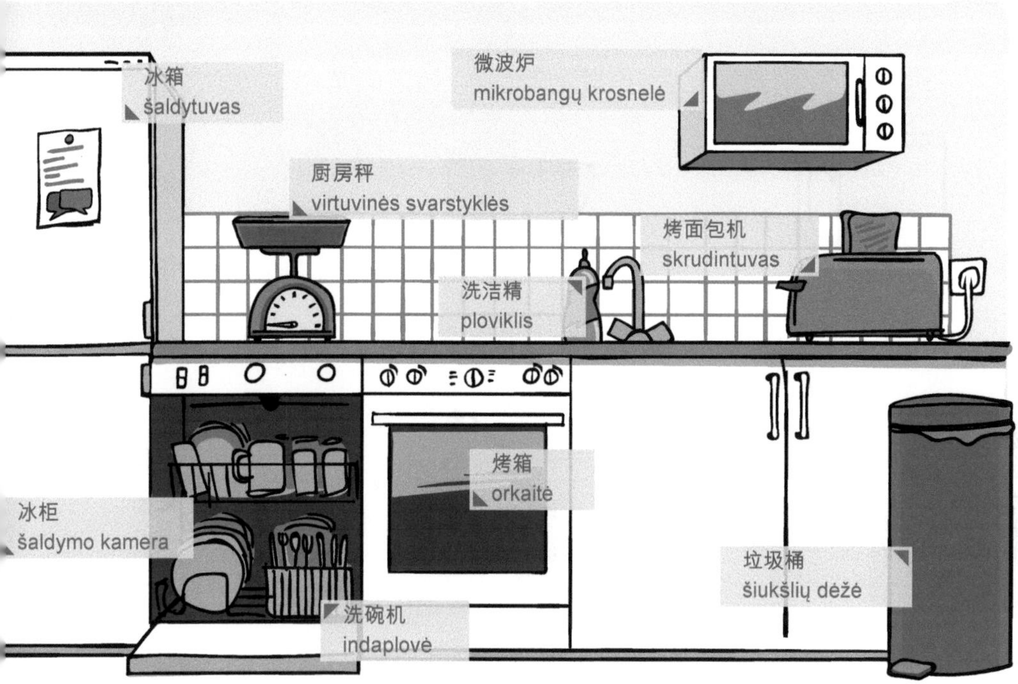

冰箱
šaldytuvas
微波炉
mikrobangų krosnelė
厨房秤
virtuvinės svarstyklės
烤面包机
skrudintuvas
洗洁精
ploviklis
烤箱
orkaitė
冰柜
šaldymo kamera
垃圾桶
šiukšlių dėžė
洗碗机
indaplovė

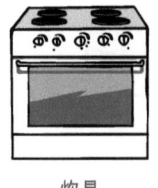

炊具
viryklė

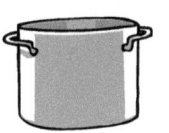

锅
puodas

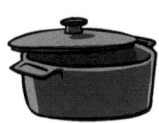

铸铁锅
ketaus puodas

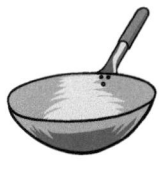

炒锅
„wok“ keptuvė

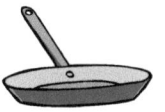

平底锅
keptuvė

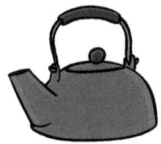

水壶
virdulys

蒸锅

garų puodas

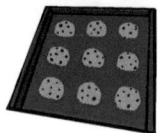

烤盘

kepimo skarda

陶瓷锅

porceliano indai

马克杯

puodelis

碗

dubuo

筷子

valgomosios lazdelės

长柄勺

samtis

铲子

mentelė

搅拌器

plaktuvas

滤网

koštuvas

筛子

sietas

磨碎机

trintuvė

研钵

grūstuvė

烧烤

kepsninė

明火

atvira liepsna

菜板

pjaustymo lentelė

擀面杖

kočėlas

开瓶器

kamščiatraukis

罐子

skardinė

开罐器

skardinių atidarytuvas

隔热手套

puodkėlė

水槽

kriauklė

刷子

šepetys

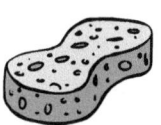

海绵

kempinė

搅拌机

trintuvas

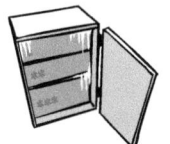

冷藏箱

šaldiklis

奶瓶

kūdikių buteliukas

水龙头

čiaupas

浴室
vonios kambarys

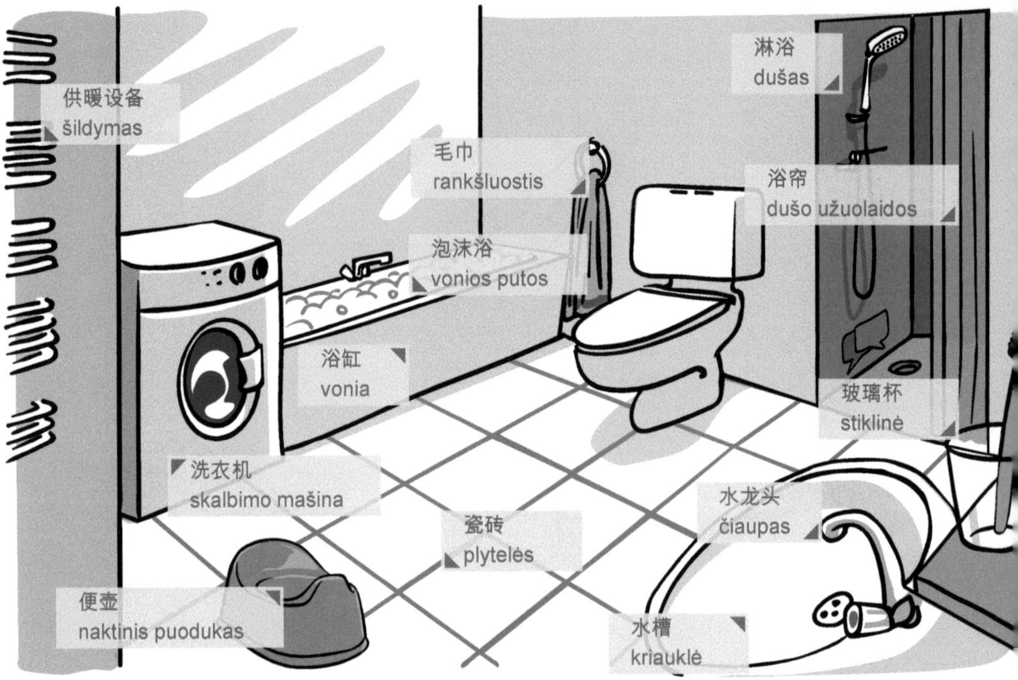

淋浴
dušas

供暖设备
šildymas

毛巾
rankšluostis

浴帘
dušo užuolaidos

泡沫浴
vonios putos

浴缸
vonia

玻璃杯
stiklinė

洗衣机
skalbimo mašina

水龙头
čiaupas

瓷砖
plytelės

便壶
naktinis puodukas

水槽
kriauklė

厕所

unitazas

蹲便器

tupimasis unitazas

坐浴器

bidė

小便池

pisuaras

厕纸

tualetinis popierius

马桶刷

unitazo šepetys

牙刷

dantų šepetėlis

牙膏

dantų pasta

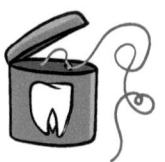

牙线

dantų siūlas

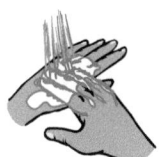

洗

plauti

手持式喷淋头

dušo galvutė

冲洗器

higieninis dušas

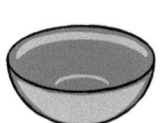

洗脸盆

praustuvas

擦背刷

nugaros plaušinė

肥皂

muilas

沐浴露

dušo želė

洗发水

šampūnas

法兰绒

plaušinė

排水

kanalizacija

乳霜

kremas

除臭剂

dezodorantas

镜子
veidrodis

手镜
veidrodėlis

剃须刀
skustuvas

剃须泡沫
skutimosi putos

须后水
losjonas po skutimosi

梳子
šukos

刷子
šepetys

吹风机
plaukų džiovintuvas

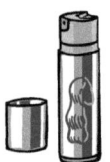

喷发定型剂
plaukų lakas

化妆品
makiažas

唇膏
lūpdažis

指甲油
nagų lakas

化妆棉
vata

指甲剪
žirklutės nagams

香水
kvepalai

洗漱包

maišelis skalbiniams

凳子

taburetė

计重秤

svarstyklės

浴袍

chalatas

橡胶手套

guminės pirštinės

卫生棉条

tamponas

卫生巾

higieninis įklotas

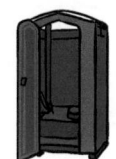

化学厕所

biotualetas

儿童房
vaiko kambarys

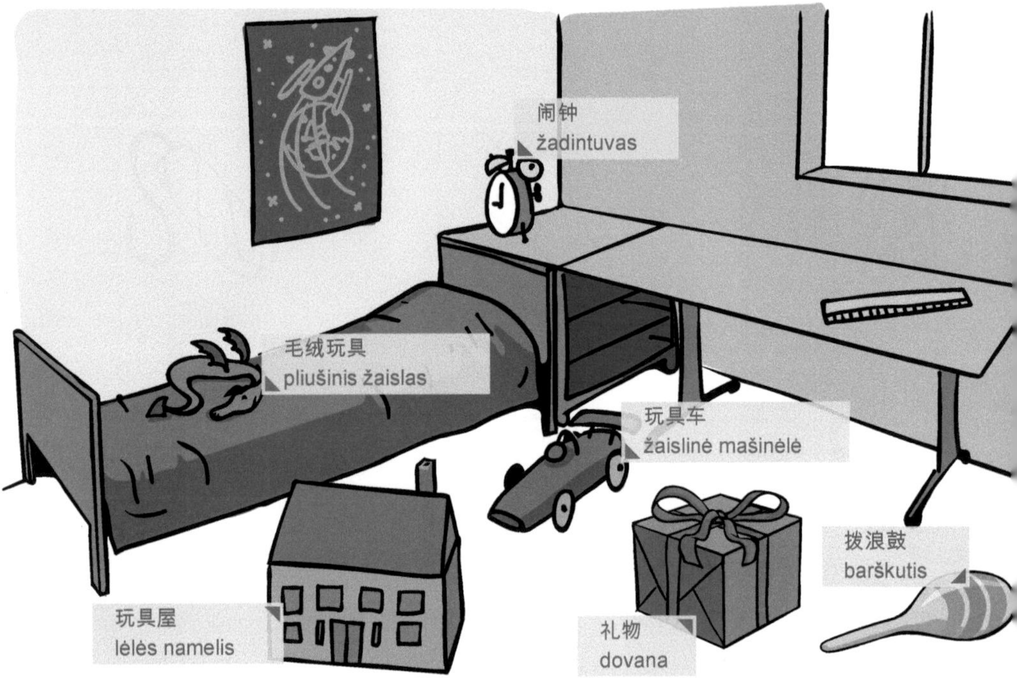

闹钟
žadintuvas
毛绒玩具
pliušinis žaislas
玩具车
žaislinė mašinėlė
拨浪鼓
barškutis
玩具屋
lėlės namelis
礼物
dovana

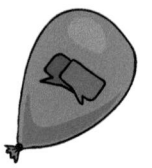

气球

balionas

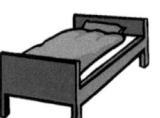

床

lova

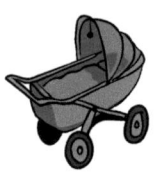

（洋娃娃用）婴儿车

vaikiškas vežimėlis

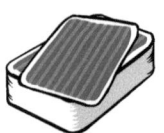

扑克牌

kortų malka

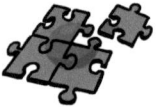

拼图

delionė

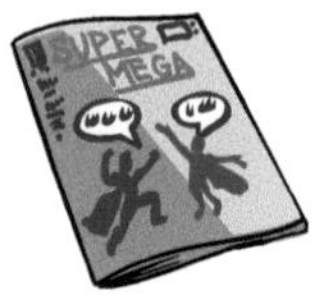

漫画

komiksai

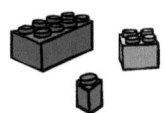

乐高积木

lego kaladėlės

积木玩具

žaislinės kaladėlės

玩具人

figūrėlė

婴儿服

šliaužtinukai

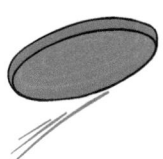

飞盘

mėtymo lėkštė

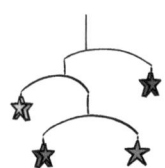

床铃玩具

karuselė

棋盘游戏

stalo žaidimas

骰子

kauliukai

火车模型

žaislinis traukinys

安抚奶嘴

žindukas

聚会

vakarėlis

绘本

paveiksliukų knygelė

球

kamuolys

洋娃娃

lėlė

玩

žaisti

沙坑

smėlio dėžė

秋千

sūpynės

玩具

žaislai

游戏机

žaidimų konsolė

三轮车

triratukas

泰迪熊

meškiukas

衣柜

drabužių spinta

衣服

drabužis

袜子

kojinės

长袜

kojinės virš kelių

紧身裤

pėdkelnės

围巾
šalikas

雨伞
skėtis

T恤
marškinėliai

皮带
diržas

运动鞋
sportbačiai

靴子
ilgaauliai batai

拖鞋
šlepetės

凉鞋
sandalai

鞋
batai

雨靴
guminiai batai

内裤
trumpikės

胸罩
liemenėlė

背心
liemenė

衣服 - drabužis

身体

glaustinukė

裤子

kelnės

牛仔裤

džinsai

短裙

sijonas

女式衬衫

palaidinė

衬衫

marškiniai

套头衫

megztinis

卫衣

megztinis su gobtuvu

西装夹克

švarkelis

夹克

švarkas

外套

paltas

雨衣

lietpaltis

套装

kostiumas

连衣裙

suknelė

婚纱

vestuvinė suknelė

西装

kostiumas

睡袍

naktiniai marškiniai

睡衣

pižama

莎丽

saris

头巾

skarelė

包头巾

tiurbanas

波卡

burka

卡夫坦

kaftanas

(阿拉伯式)长袍长袍

abaja

泳衣

maudymosi kostiumėlis

男式泳裤

glaudės

短裤

šortai

运动服

sportinis kostiumas

围裙

prijuostė

手套

pirštinės

纽扣

saga

眼镜

akiniai

手链

apyrankė

项链

vėrinys

戒指

žiedas

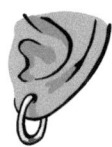

耳环

auskaras

便帽

kepurė

衣架

pakabas

帽子

skrybėlė

领带

kaklaraištis

拉链

užtrauktukas

头盔

šalmas

背带

breketai

校服

mokyklinė uniforma

制服

uniforma

围兜
seilinukas

安抚奶嘴
žindukas

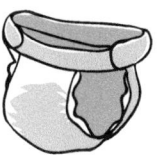

尿不湿
vystyklai

办公室
biuras

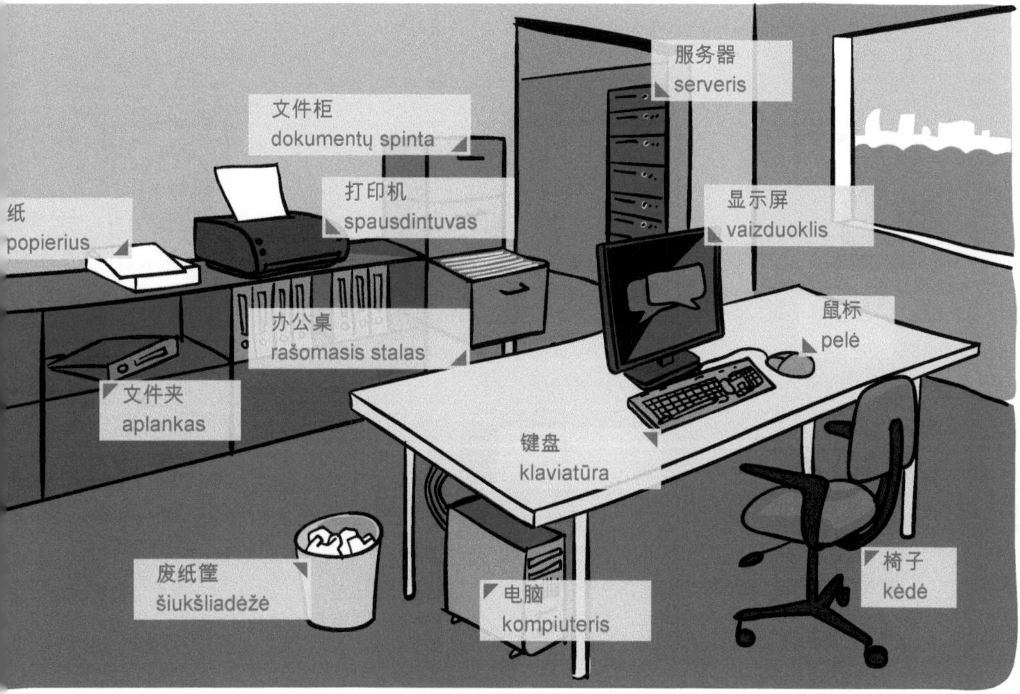

服务器
serveris

文件柜
dokumentų spinta

打印机
spausdintuvas

显示屏
vaizduoklis

纸
popierius

办公桌
rašomasis stalas

鼠标
pelė

文件夹
aplankas

键盘
klaviatūra

废纸筐
šiukšliadėžė

电脑
kompiuteris

椅子
kėdė

咖啡杯
kavos puodelis

计算器
kalkuliatorius

因特网
internetas

笔记本电脑
nešiojamasis kompiuteris

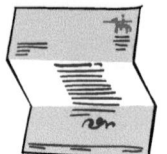

信件
laiškas

消息
žinutė

手机
mobilusis telefonas

网络
tinklas

复印机
fotokopijavimo aparatas

软件
programinė įranga

电话
telefonas

插座
kištukinis lizdas

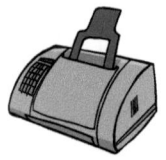

传真机
faksas

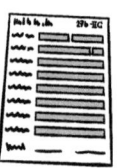

表格
forma

文件
dokumentas

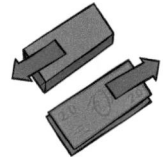

买

pirkti

付钱

mokėti

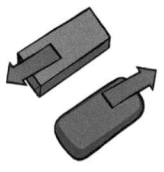

交易

prekiauti

现金

pinigai

美元

doleris

欧元

euras

日元

jena

卢布

rublis

瑞士法郎

Šveicarijos frankas

人民币

juanis

卢比

rupija

提款处

bankomatas

外币兑换处

valiutos keitykla

金

auksas

银

sidabras

石油

nafta

能源

energija

价格

kaina

合同

sutartis

税金

mokestis

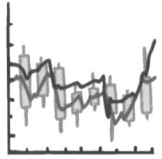

股票

akcijos

工作

dirbti

职员

darbuotojas

老板

darbdavys

工厂

gamykla

商店

parduotuvė

职业

profesijos

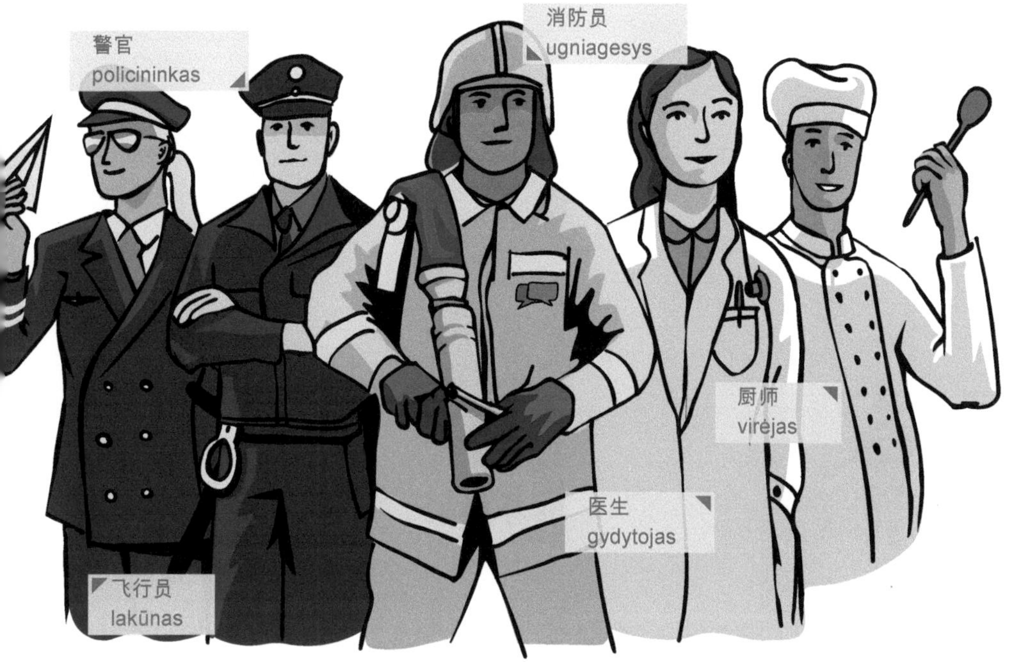

警官
policininkas
消防员
ugniagesys
厨师
virėjas
医生
gydytojas
飞行员
lakūnas

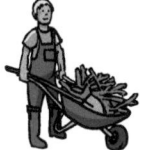

园丁

sodininkas

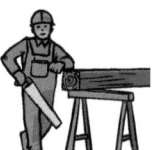

木匠

stalius

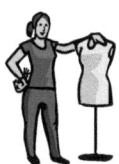

裁缝

siuvėja

法官

teisėjas

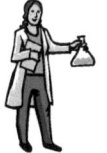

化学家

chemikas

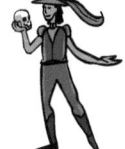

演员

aktorius

公交车司机

autobuso vairuotojas

出租车司机

taksi vairuotojas

渔夫

žvejys

清洁女工

valytoja

屋顶工

stogdengys

服务员

padavėjas

猎人

medžiotojas

画家

dailininkas

面包师

kepėjas

电工

elektrikas

建筑工人

statybininkas

工程师

inžinierius

屠夫

mėsininkas

水管工

santechnikas

邮递员

paštininkas

士兵

kareivis

建筑师

architektas

收银员

kasininkas

花农

gėlininkas

理发师

kirpėjas

售票员

konduktorius

机械师

mechanikas

船长

kapitonas

牙医

odontologas

科学家

mokslininkas

拉比

rabinas

伊玛目

imamas

和尚

vienuolis

牧师

kunigas

工具
įrankiai

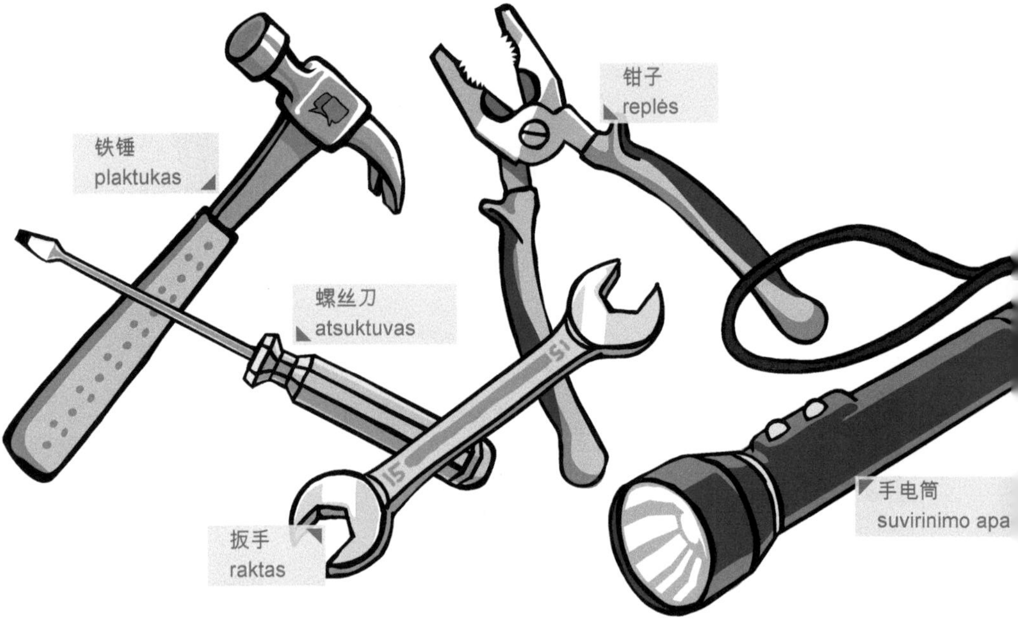
铁锤
plaktukas
钳子
replės
螺丝刀
atsuktuvas
扳手
raktas
手电筒
suvirinimo apa

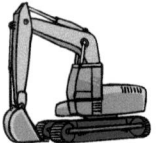

挖掘机
ekskavatorius

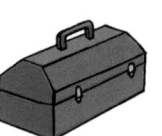

工具箱
įrankių dėžė

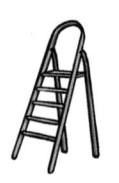

梯子
kopėčios

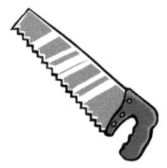

锯子
pjūklas

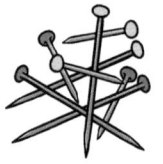

钉子
vinys

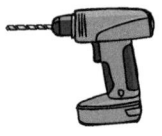

钻机
grąžtas

修
taisyti

铲子
kastuvas

靠！
Velniava!

簸箕
semtuvėlis

油漆桶
dažų skardinė

螺丝
varžtai

乐器
muzikos instrumentai

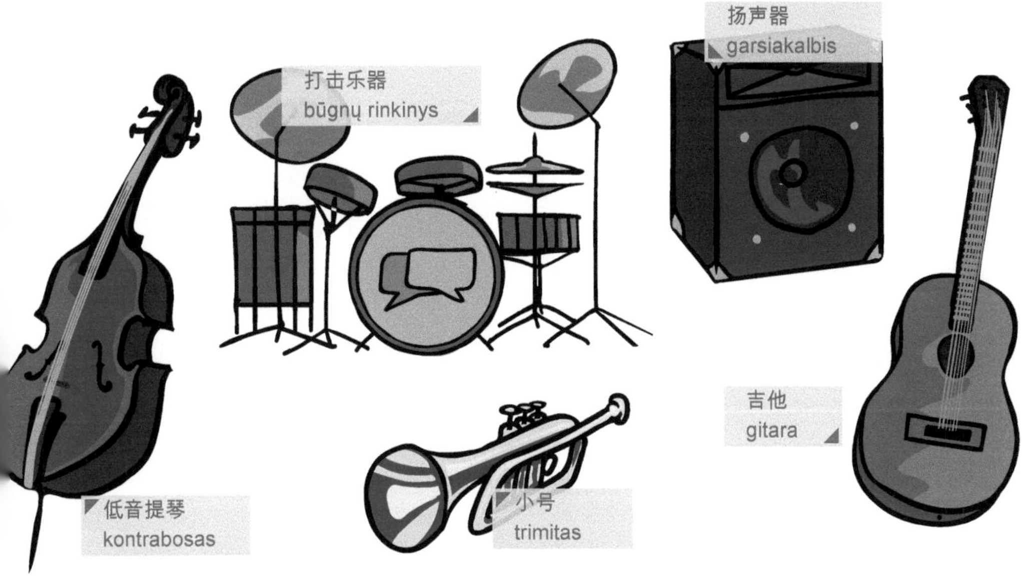

打击乐器
būgnų rinkinys

扬声器
garsiakalbis

吉他
gitara

低音提琴
kontrabosas

小号
trimitas

钢琴

pianinas

小提琴

smuikas

贝斯

bosinė gitara

定音鼓

timpanas

鼓

būgnai

电子琴

sintezatorius

萨克斯管

saksofonas

长笛

fleita

麦克风

mikrofonas

动物园

zoologijos sodas

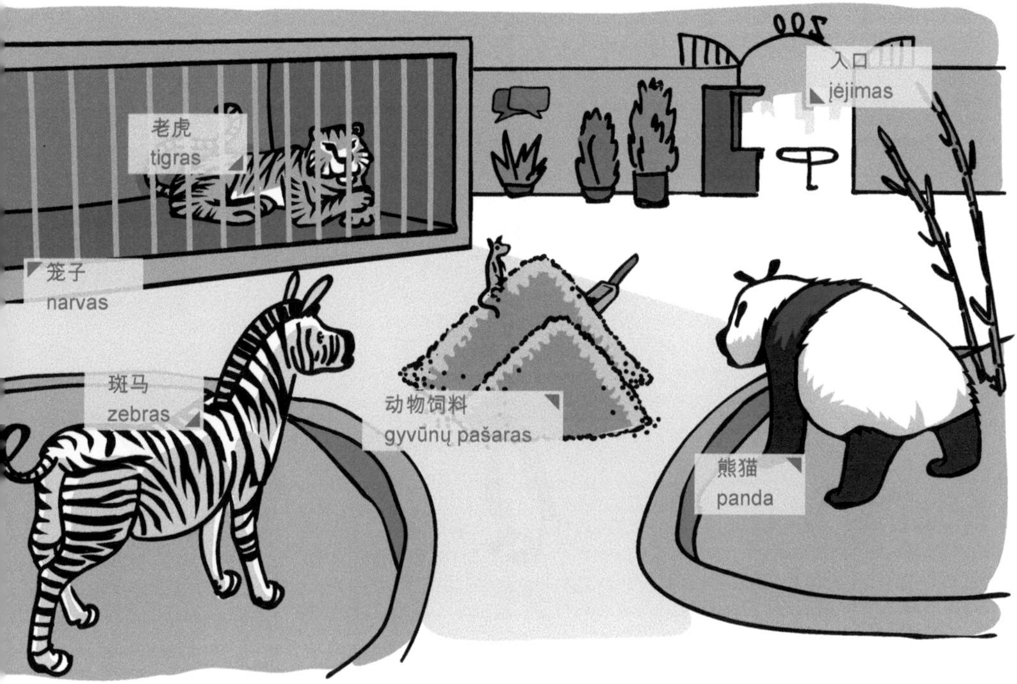

入口
įėjimas
老虎
tigras
笼子
narvas
斑马
zebras
动物饲料
gyvūnų pašaras
熊猫
panda

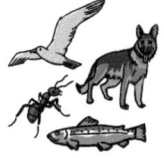

动物

gyvūnai

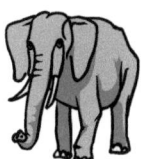

大象

dramblys

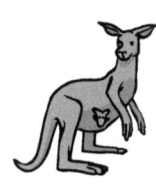

袋鼠

kengūra

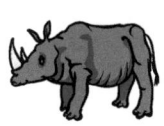

犀牛

raganosis

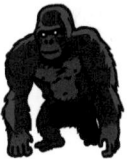

大猩猩

gorila

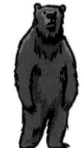

熊

meška

骆驼

kupranugaris

鸵鸟

strutis

狮子

liūtas

猴子

beždžionė

火烈鸟

flamingas

鹦鹉

papūga

北极熊

baltoji meška

企鹅

pingvinas

鲨鱼

ryklys

孔雀

povas

蛇

gyvatė

鳄鱼

krokodilas

动物园管理员

zoologijos sodo prižiūrėtojas

海豹

ruonis

美洲豹

jaguaras

矮种马
ponis

豹
leopardas

河马
begemotas

长颈鹿
žirafa

老鹰
erelis

野猪
šernas

鱼
žuvis

龟
vėžlys

海象
vėplys

狐狸
lapė

羚羊
gazelė

橄榄球
amerikietiškas futbolas

骑自行车
dviračių sportas

网球
tenisas

篮球
krepšinis

游泳
plaukimas

拳击
boksas

冰球
ledo ritulys

英式足球
futbolas

羽毛球
badmintonas

田径
atletika

手球
rankinis

滑雪
slidinėjimas

马球
polas

笑
juoktis

跳
šokinėti

拥抱
apkabinti

走路
vaikščioti

唱
dainuoti

做梦
svajoti

祈祷
melstis

亲吻
bučiuoti

书写
rašyti

画
piešti

展示
rodyti

推
stumti

给
duoti

拿
imti

有
turėti

做
daryti

当
būti

站
stovėti

跑
bėgti

拉
traukti

扔
mesti

摔倒
kristi

躺
meluoti

等待
laukti

携带
nešti

坐
sėdėti

穿衣
rengtis

睡觉
miegoti

醒来
pabusti

看
žiūrėti

哭
verkti

抚摸
glostyti

梳头
šukuoti

交谈
kalbėti

明白
suprasti

问
paklausti

听
klausytis

喝
gerti

吃
valgyti

清理
tvarkytis

爱
mylėti

做饭
gaminti

开车
vairuoti

飞
skristi

航行

buriuoti

计算

skaičiuoti

读

skaityti

学习

mokytis

工作

dirbti

结婚

vesti

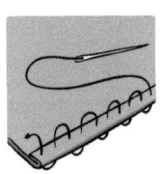

缝

siūti

刷牙

valytis dantis

杀

žudyti

抽烟

rūkyti

寄

siųsti

祖母
senelė

祖父
senelis

父亲
tėvas

母亲
motina

婴童
kūdikis

女儿
dukra

儿子
sūnus

客人
svečias

阿姨
teta

叔叔
dėdė

兄弟
brolis

姐妹
sesuo

身体

kūnas

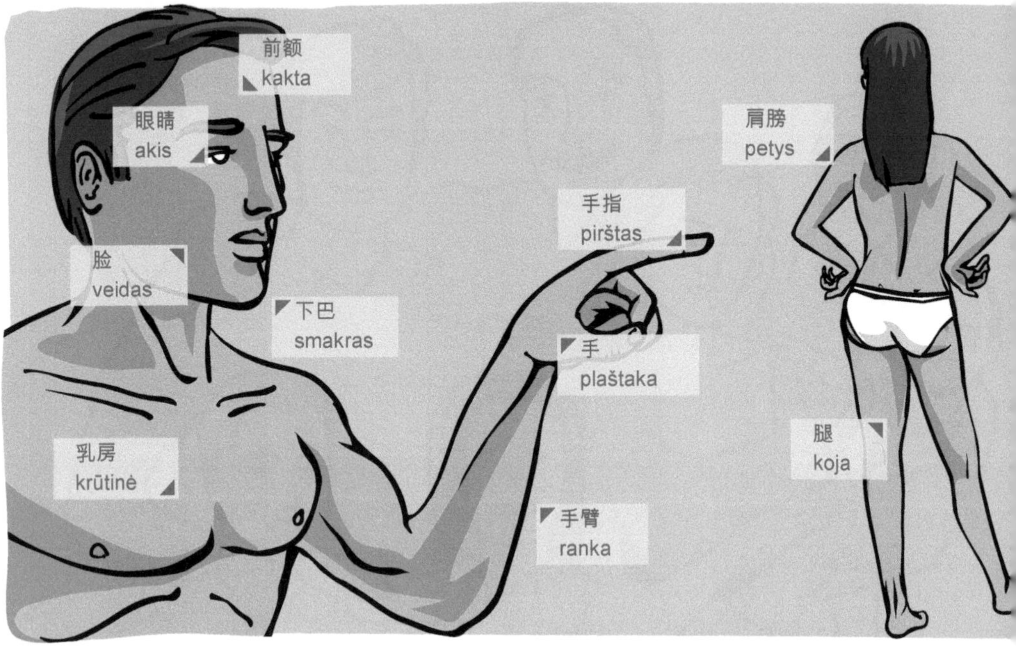

前额
kakta
眼睛
akis
脸
veidas
下巴
smakras
手指
pirštas
手
plaštaka
乳房
krūtinė
手臂
ranka
肩膀
petys
腿
koja

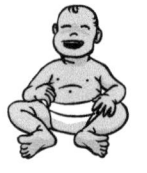

婴童

kūdikis

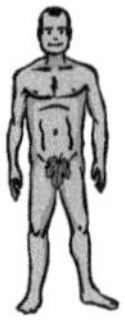

男人

vyras

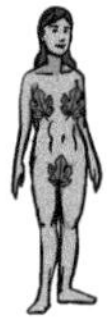

女人

moteris

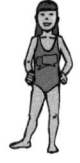

女孩

mergaitė

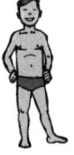

男孩

berniukas

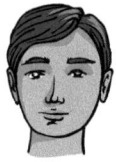

头

galva

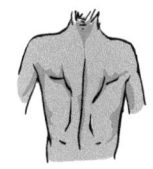

背部

nugara

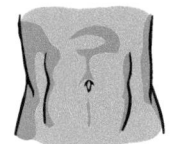

肚子

pilvas

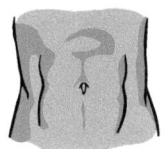

肚脐

bamba

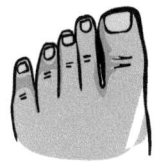

脚趾

kojos pirštas

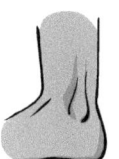

脚后跟

kulnas

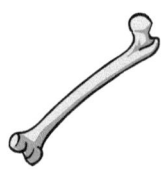

骨头

kaulas

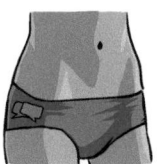

臀部

klubas

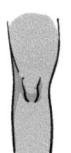

膝盖

kelis

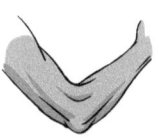

手肘

alkūnė

鼻子

nosis

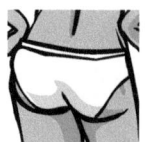

屁股

sėdmenys

皮肤

oda

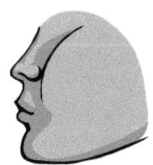

脸颊

skruostas

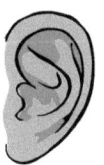

耳朵

ausis

嘴唇

lūpa

身体 - kūnas

嘴
burna

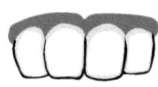

牙齿
dantis

舌头
liežuvis

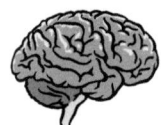

脑
smegenys

心脏
širdis

肌肉
raumuo

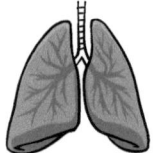

肺
plaučiai

肝脏
kepenys

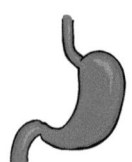

胃
skrandis

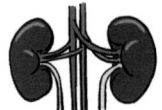

肾脏
inkstai

性交
seksas

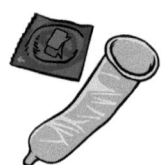

避孕套
prezervatyvas

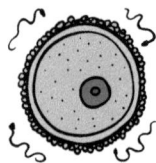

卵子
kiaušialąstė

精子
sperma

怀孕
nėštumas

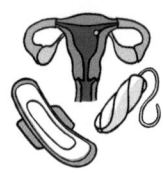

月经

menstruacijos

阴道

makštis

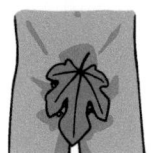

阴茎

varpa

眉毛

antakis

头发

plaukai

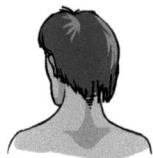

脖子

kaklas

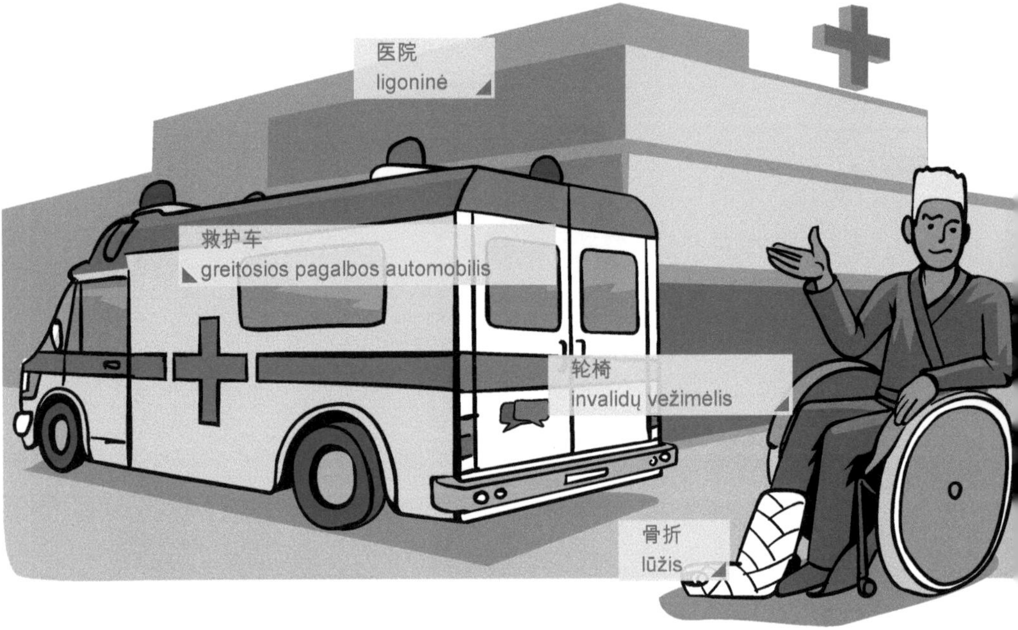

医院
ligoninė

救护车
greitosios pagalbos automobilis

轮椅
invalidų vežimėlis

骨折
lūžis

医生
gydytojas

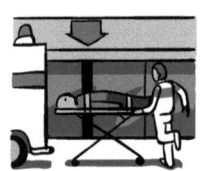

急诊室
skubios pagalbos skyrius

护士
slaugytoja

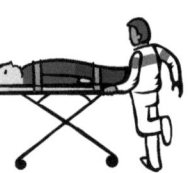

紧急情况
nelaimingas atsitikimas

昏迷
be sąmonės

痛
skausmas

受伤
sužalojimas

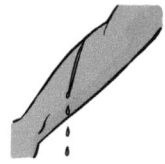

出血
kraujavimas

心脏病发作
širdies smūgis

中风
insultas

过敏
alergija

咳嗽
kosulys

发烧
karščiavimas

流感
gripas

腹泻
viduriavimas

头痛
galvos skausmas

癌症
vėžys

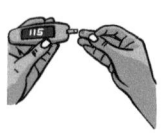

糖尿病
diabetas

外科医生
chirurgas

手术刀
skalpelis

手术
operacija

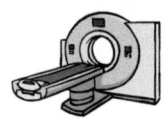

CT

KT

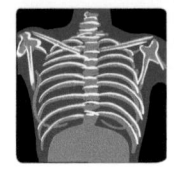

X光

rentgenas

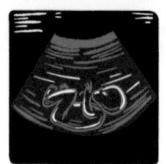

超声波

ultragarsas

口罩

veido kaukė

疾病

liga

候诊室

laukiamasis

拐杖

ramentas

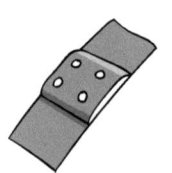

石膏

gipsas

绷带

tvarstis

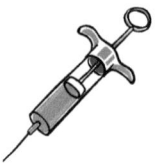

注射

injekcija

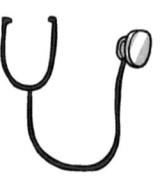

听诊器

stetoskopas

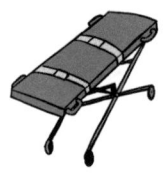

担架

neštuvai

体温计

termometras

出生

gimimas

超重

antsvoris

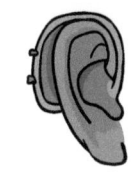

助听器

klausos aparatas

消毒液

dezinfekavimo priemonė

感染

infekcija

病毒

virusas

艾滋病

ŽIV / AIDS

药物

vaistas

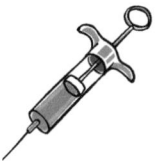

接种疫苗

skiepijimas

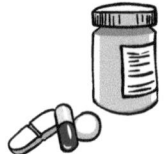

药片

tabletės

药丸

piliulė

急救电话

ubios pagalbos numeris

血压计

kraujospūdžio matuoklis

生病/健康

ligotas / sveikas

nelaimingas atsitikimas

救命！

Padėkite!

警报

pavojaus signalas

突击

užpuolimas

攻击

ataka

危险

pavojus

紧急出口

avarinis išėjimas

着火啦！

Gaisras!

灭火器

gesintuvas

意外

nelaimingas atsitikimas

急救箱

pirmosios pagalbos rinkinys

呼救信号

SOS

警察

policija

欧洲

Europa

北美洲

Šiaurės Amerika

南美洲

Pietų Amerika

非洲

Afrika

亚洲

Azija

澳洲

Australija

大西洋

Atlanto vandenynas

太平洋

Ramusis vandenynas

印度洋

Indijos vandenynas

南冰洋

Pietų vandenynas

北冰洋

Arkties vandenynas

北极

Šiaurės ašigalis

南极

Pietų ašigalis

南极洲

Antarktida

地球

Žemė

陆地

sausuma

海

jūra

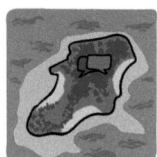

岛

sala

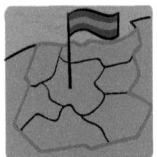

国家

tauta

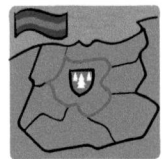

国家

valstybė

钟面

ciferblatas

时针

valandinė rodyklė

分针

minutinė rodyklė

秒针

sekundinė rodyklė

现在几点？

Kiek valandų?

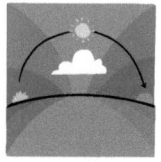

天

diena

时间

laikas

现在

dabar

电子表

skaitmeninis laikrodis

分

minutė

时

valanda

周

savaitė

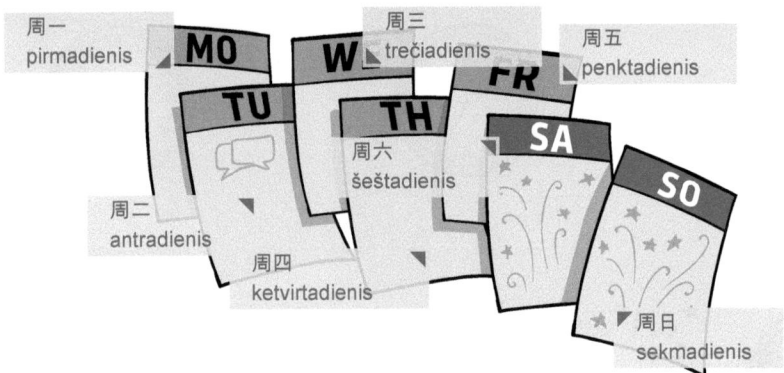

周一
pirmadienis

周三
trečiadienis

周五
penktadienis

周二
antradienis

周六
šeštadienis

周四
ketvirtadienis

周日
sekmadienis

昨天
vakar

今天
šiandien

明天
rytoj

早晨
rytas

中午
vidurdienis

晚上
vakaras

工作日
darbo dienos

周末
savaitgalis

年

metai

雨
lietus
彩虹
vaivorykštė
风
vėjas
雪
sniegas
春
pavasaris
夏
vasara
秋
ruduo
冬
žiema

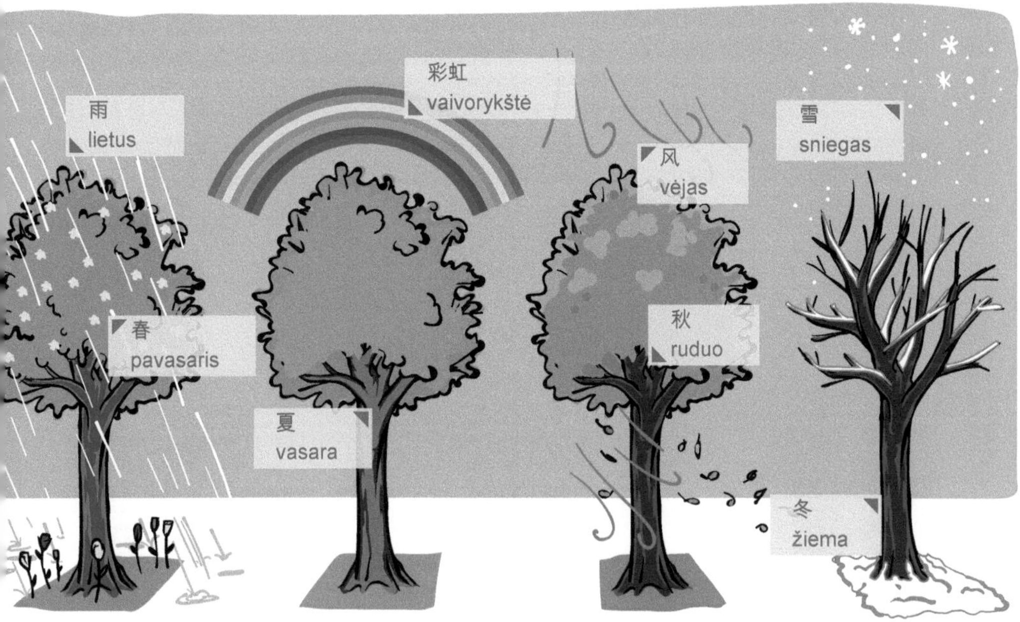

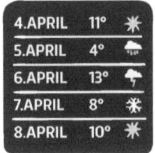

4.APRIL 11°
5.APRIL 4°
6.APRIL 13°
7.APRIL 8°
8.APRIL 10°

天气预报

orų prognozė

F
C
120
90
60
30
0
-30
40
30
20
10
0
-10
-20

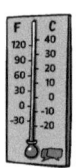

温度计

lauko termometras

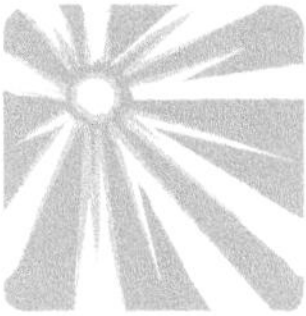

阳光

saulės šviesa

云

debesis

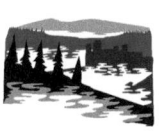

雾

rūkas

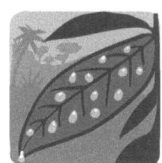

潮湿

drėgmė

闪电

žaibas

打雷

griaustinis

风暴

audra

冰雹

kruša

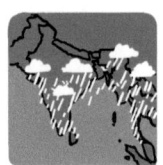

季风

musonas

洪水

potvynis

冰

ledas

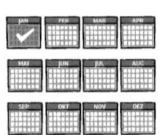

一月

sausis

二月

vasaris

三月

kovas

四月

balandis

五月

gegužė

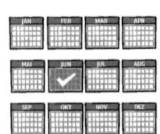

六月

birželis

七月

liepa

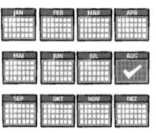

八月

rugpjūtis

九月

rugsėjis

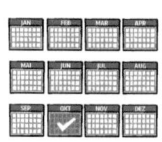

十月

spalis

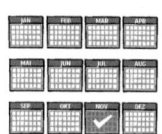

十一月

lapkritis

十二月

gruodis

形状

formos

圆形

apskritimas

正方形

kvadratas

长方形

stačiakampis

三角形

trikampis

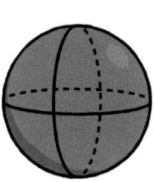

球体

sfera

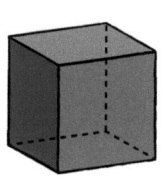

立方体

kubas

白

balta

黄

geltona

橙

oranžinė

粉

rožinė

红

raudona

紫

violetinė

蓝

mėlyna

绿

žalia

棕

ruda

灰

pilka

黑

juoda

很多/少许

daug / mažai

生气/平静

piktas / ramus

美/丑

gražus / bjaurus

首/尾

pradžia / pabaiga

大/小

didelis / mažas

明/暗

šviesus / tamsus

兄弟/姐妹

brolis / sesuo

干净/肮脏

švarus / purvinas

完整/缺失

užbaigtas / neužbaigtas

白天/晚上

diena / naktis

死/生

miręs / gyvas

宽/窄

platus / siauras

可食用/非食用

valgomas / nevalgomas

邪恶/善良

piktas / malonus

兴奋/无聊

linksmas / nuobodus

胖/瘦

storas / plonas

第一/最后

pirmiausia / paskiausia

朋友/敌人

draugas / priešas

满/空

pilnas / tuščias

硬/软

kietas / minkštas

重/轻

sunkus / lengvas

饿/渴

alkis / troškulys

生病/健康

ligotas / sveikas

非法/合法

nelegalus / legalus

聪明/愚笨

protingas / kvailas

左/右

kairė / dešinė

近/远

arti / toli

新/旧

naujas / naudotas

没有/有些

niekas / kažkas

老/幼

senas / jaunas

开/关

įjungta / išjungta

打开/合上

atidaryta / uždaryta

安静/吵闹

tylus / garsus

富/穷

turtingas / vargšas

对/错

teisus / neteisus

粗糙/光滑

šiurkštus / švelnus

伤心/高兴

liūdnas / laimingas

短/长

trumpas / ilgas

慢/快

lėtas / greitas

湿/干

drėgnas / sausas

温暖/凉爽

šiltas / šaltas

战争/和平

karas / taika

0

零

nulis

1

一

vienas

2

二

du

3

三

trys

4

四

keturi

5

五

penki

6

六

šeši

7

七

septyni

8

八

aštuoni

9

九

devyni

10

十

dešimt

11

十一

vienuolika

12
十二
dvylika

13
十三
trylika

14
十四
keturiolika

15
十五
penkiolika

16
十六
šešiolika

17
十七
septyniolika

18
十八
aštuoniolika

19
十九
devyniolika

20
二十
dvidešimt

100
百
šimtas

1.000
千
tūkstantis

1.000.000
百万
milijonas

英语

anglų

美式英语

amerikiečių anglų

普通话

kinų (mandarinų)

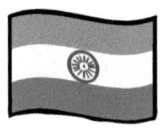

印地语

hindi

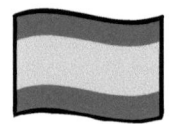

西班牙语

ispanų

法语

prancūzų

阿拉伯语

arabų

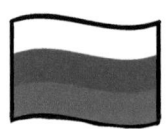

俄语

rusų

葡萄牙语

portugalų

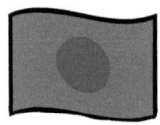

孟加拉语

bengalų

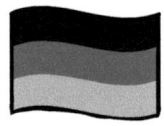

德语

vokiečių

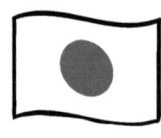

日语

japonų

我

aš

你

tu

他/她/它

jis / ji

我们

mes

你们

jūs

他们

jie

谁？

kas?

什么？

ką?

怎样？

kaip?

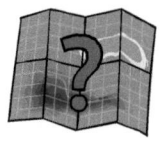

哪里？

kur?

什么时候？

kada?

名字

vardas

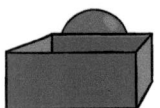

后面
....
už

里面
....
kur (vieta)

前面
....
priešais

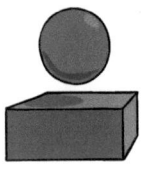

上方
....
virš

上面
....
ant

下面
....
po

旁边
....
prie

中间
....
tarp

地点
....
vieta